INVENTAIRE
D
65952

D

PETITE BIBLIOTHÈQUE FRANCISCAINE

L'HUMILITÉ

PRATIQUÉE

DANS TOUS LES DÉTAILS DE LA VIE

Par le Père SIMON

Franciscain de l'Observance

CINQUIÈME ÉDITION

PARIS

LIBRAIRIE SAINT-JOSEPH

TOLRA LIBRAIRE-ÉDITEUR

112, rue de Rennes, 112

1879

Tous droits réservés.

APPROBATIONS
DE LA TROISIÈME ÉDITION

Nous avons lu l'opuscule intitulé : *L'Humilité pratiquée*, etc..., par le P. SIMON, DE BUSSIÈRES. Il ne renferme rien de répréhensible, à notre avis, sous le rapport dogmatique, et il nous a paru capable de faciliter la pratique de la vertu qui est à la fois le fondement du Christianisme et le caractère distinctif de l'Ordre Séraphique.

De notre Couvent d'Amiens, le 3 Février 1874.

FR. RAPHAEL,
Provincial des Franciscains.

IMPRIMATUR

P. GERVAIS,
Vicarius generalis.

Burdigalæ, 28 Januarii 1874.

L'HUMILITÉ

PRATIQUÉE

DANS TOUS LES DÉTAILS DE LA VIE

Nous connaissons ces paroles célèbres de saint Augustin à Dioscorus : « Pour parvenir à la *sainteté*, la voie est : premièrement l'**Humilité**, secondement l'**Humilité**, troisièmement l'**Humilité**. » — L'Humilité est la clef du Ciel. Le Ciel n'est pas pour les orgueilleux ; les humbles seuls auront le bonheur d'en goûter les ineffables délices. — Nous savons tout cela, nous le comprenons ; nous avons beaucoup lu et beaucoup entendu sur l'excellence, la nécessité de l'Humilité ; nous n'en ignorons pas les principes, et cependant, s'agit-il de mettre en pratique cette vertu, il semble que nous ne savons plus les appliquer. Nous vous signalons dans ces quelques pages bien des circonstances où, Dieu aidant, il vous sera facile de pratiquer l'Humilité. Ne cherchez pas l'élégance du style, ni la période des phrases : elles sont courtes ; aussi vous ne devez pas vous contenter de les lire, vous en méditerez chaque mot afin de vous en bien pénétrer. Plaise à Dieu que ce petit travail vous aide à vous faire aimer et pratiquer l'Humilité.

Nous étudierons successivement cinq questions :

1° *En quoi consiste l'Humilité ?*

2° *La vertu d'humilité est-elle possible ?*

3° *Les avantages de l'Humilité.*

4° *Les divers détails de la vie où l'on peut pratiquer l'Humilité.*

5° *Les degrés d'Humilité par lesquels nous devons successivement monter.*

CHAPITRE PREMIER

EN QUOI CONSISTE L'HUMILITÉ.

L'humilité, dit saint Bernard, est une vertu qui rend l'homme méprisable, par une véritable connaissance de soi-même. Elle réside essentiellement dans les sentiments du cœur, elle consiste à avoir une basse opinion de soi-même, fondée sur la profonde connaissance qu'on a de son néant.
C'est là le premier degré de l'Humilité. — Apprenez à vous connaître chaque jour davantage et vous vous sentirez plein de mépris pour vous-même, d'amour et de reconnaissance pour Dieu. L'horreur que vous inspirera la vue de votre profonde misère vous portera invinciblement à vous jeter dans les bras de Dieu, et à dire à Jésus comme les Apôtres : « *Sauvez-nous, Seigneur, nous périssons.* »
Le second degré de l'Humilité consiste à être bien aise d'être méprisé. « Aimez à n'être pas connu, dit saint

Bonaventure, et à être méprisé. Si vous êtes véritablement convaincu de votre néant et animé de mépris pour vous-même, vous serez heureux d'être méprisé des autres, car naturellement nous avons de la joie que les autres se conforment à notre sentiment. » — « Il est bon d'avouer ses défauts, dit saint Jean Climaque, mais il est mieux de convenir sincèrement de ces mêmes défauts, lorsqu'on nous les reproche. C'est là être véritablement humble. »

Pour atteindre ce but, montons peu à peu quatre échelons :

« 1° *Ne recherchons point la gloire et l'estime du monde, mais évitons-les au contraire avec soin;*

« 2° *Si nous ne désirons pas encore les mépris, supportons du moins ceux qui se présentent.* » — Souffrez les mépris avec patience, » dit saint Anselme ;

« 3° *Ne soyons pas touchés des louanges et de l'estime des hommes;*

« 4° *Souhaitons enfin d'être méprisés et prenons plaisir aux injures.* »

Le *troisième degré d'Humilité* consiste à ne rien s'attribuer à soi-même, mais à rapporter tout à Dieu, surtout lorsqu'on a été spécialement favorisé des dons de la nature et de la grâce, et qu'on se voit entouré de l'estime et de la vénération des hommes. C'est là l'Humilité que les Saints ont pratiquée : honorés de tout le monde, ils se croyaient misérables aux yeux de Dieu. Voilà en deux mots en quoi consiste l'Humilité : Etre humble, c'est rendre à chacun ce qui lui est dû : à Dieu ce qui est à Dieu, et à l'homme ce qui est à l'homme ; à Dieu tout honneur, toute gloire, comme à la Source de tous les biens ; à l'homme l'impuissance et le néant.

« Voici encore trois autres degrés : Si vous faites un acte d'humilité, dit saint François de Sales, voilà l'Humilité. Si vous faites des actes d'humilité en toutes occasions et en toutes circonstances, voilà l'habitude de l'Humilité. Si vous vous plaisez dans l'humiliation et si vous recherchez l'abjection en toutes choses, voilà l'esprit d'humilité. »

CHAPITRE II

LA VERTU D'HUMILITÉ EST-ELLE POSSIBLE?

Vous découvrez maintenant la sublimité de cette vertu, et en considérant combien vous êtes éloigné même du premier degré, vous sentez peut-être votre âme abattue. Ah! ne vous découragez pas : tous ceux qui ont pratiqué l'Humilité ont eu à lutter comme vous. — Pour vaincre comme eux :

1° Priez beaucoup, demandez chaque jour cette vertu à Notre-Seigneur qui est l'Auteur de toute grâce. Il aime trop à trouver l'Humilité dans les âmes pour ne pas vous l'accorder, si vous la demandez sincèrement. L'homme a naturellement beaucoup d'orgueil. — Ils sont rares ceux qui en sont exempts ; mais sous l'influence de la grâce la superbe humaine fond comme la cire devant le feu.

2° Ayez souvent devant les yeux vos misères, vos fautes passées, vos infidélités présentes et les fautes bien plus graves que vous pourriez commettre, si la grâce de Dieu ne vous soutenait.

3° Otez chaque jour un grain de sable à la haute montagne d'orgueil et la montagne s'affaissera peu à peu. « Pour acquérir l'esprit d'humilité, il n'y a pas d'autres moyens, dit saint François de Sales, que d'en réitérer souvent les actes. » Commencez d'abord par ce qu'il y a de plus facile : ne faites point de médisances, excusez les autres, ne vous excusez pas vous-même, — Vous trouverez tant de plaisir à faire ce premier pas dans l'Humilité, que vous vous porterez bientôt à d'autres actes.

Il vous est d'autant plus possible et facile de pratiquer l'Humilité, que vous en trouvez les occasions à toute heure, à chaque instant, comme vous le verrez dans le chapitre IV. Sans aller les chercher, elles viendront d'elles-mêmes se présenter à vous. Ah ! recevez-les bien, donnez-leur un baiser cordial, elles vous viennent de Dieu, de Dieu qui vous aime et veut vous enrichir.

CHAPITRE III

AVANTAGES DE PRATIQUER L'HUMILITÉ.

Comment faire, disait un jour quelqu'un au curé d'Ars, pour bien aimer le bon Dieu ? » — « Ah ! dit le saint Prêtre Tertiaire, *humilité! humilité !!!* C'est notre orgueil qui nous empêche de devenir des Saints, l'Orgueil est la chaîne du chapelet de tous les vices ; l'Humilité, la chaîne du chapelet de toutes les vertus. » Nous voyons par ces quelques paroles du bon Curé d'Ars, les avantages que nous retirons de la pratique de l'Humilité. On peut dire de cette vertu ce que dit de la Sagesse la Sainte Écriture : « Tous les biens me sont venus avec elle. »

L'Humilité a été dans tous les temps et sera toujours la vertu des Saints ; point de véritable sainteté sans l'Humilité. Elle est la base et la gardienne des autres vertus chrétiennes ; c'est elle qui les rend pures et agréables aux yeux de Dieu ; « c'est par elle que nous obtenons la grâce et les bénédictions célestes ; sans elle, la justice, la charité, sont des vertus imparfaites ; sans elle, nos prières, nos efforts sont impuisants et nos sacrifices presque sans valeur aux yeux de Dieu ; Dieu abandonne à elles-mêmes et à leur propre faiblesse les âmes orgueilleuses, tandis qu'il se plaît à bénir les âmes qui sont humbles. » (Bergier.) — « Sans l'Humilité, dit un pieux auteur, l'austérité est une pure hypocrisie, la contemplation sublime n'est qu'une illusion, et la pauvreté même n'est qu'une sotte vanité. »

« *L'Humilité*, disait souvent notre Vénérable Viannay, curé d'Ars, *est comme une balance : plus on s'abaisse d'un côté et plus on est élevé de l'autre.* »

Saint Cyprien dit que l'Humilité est le fondement de la sainteté, et saint Jérôme la donne comme la première vertu des Chrétiens. — Saint Bernard l'appelle le fondement et la conservation de toutes les vertus. — Saint Grégoire la nomme tantôt la maîtresse et la mère, tantôt la racine et la source des autres vertus.

En effet, la **Foi** a besoin de l'Humilité ; l'Orgueil est le principe de toutes les hérésies, qui viennent de ce qu'on estime tant ses propres lumières qu'on les préfère au sentiment de toute l'Église. — L'**Espérance** est appuyée sur l'Humilité : l'homme humble, connaissant sa misère et sa faiblesse, se porte à Dieu avec plus d'ardeur et établit toute son espérance en Lui. — La **Charité** est fortifiée par l'Humilité : un esprit humble, voyant que tout ce qu'il a lui vient de Dieu et qu'il est loin de le mériter, se sent excité à l'aimer encore davantage. — La **Patience** naît de l'Humilité : celui qui est humble connaît ses fautes et se regarde digne de toutes sortes de châtiments et de mortifications. — La **paix**, le **calme** de l'**âme** naissent de l'Humilité. Jésus-Christ nous le dit : « Apprenez de moi que je suis doux et humble de cœur et vous trouverez le repos de vos âmes. » Soyez humble et vous serez en paix avec vous-même : vous ne désirerez rien, vous n'envierez rien, vous ne serez point mélancolique. « L'homme humble, dit Fénelon, est doux, paisible, tranquille, gai, obéissant, vigilant, plein de ferveur, incapable de contradiction. » Les humbles sont toujours unis avec leurs frères, tandis qu'il y a toujours des démêlés avec les orgueilleux. » — L'Humilité conserve la **Chasteté**. Dieu permet les chutes honteuses à l'âme confiante en elle-même. L'Humilité est sœur de la **Pauvreté** : l'homme humble est toujours content de tout, persuadé qu'il a plus qu'il ne mérite. — Elle est aussi intimement liée à l'**Obéissance**: « L'Humilité parfaite, disait sainte Claire d'Assise, consiste dans le renoncement à la volonté propre, et l'**Obéissance** est le moyen le plus facile pour acquérir l'Humilité. »

Nous pourrions parcourir ainsi toutes les autres vertus, et nous verrions clairement qu'elles dépendent de l'Humilité. Au contraire, l'âme qui ne possède pas la forteresse de l'Humilité est une ville sans remparts, ouverte à tous les ennemis ; elle ne tardera pas à succomber à ses passions et à faire, peut-être, les plus lamentables chutes.

C'est le défaut d'humilité qui vous

rend les autres insupportables, en même temps que vous ne pouvez vous supporter vous-même. — C'est le défaut d'humilité, qui vous trouble, vous agite, vous inquiète et ne vous laisse aucun repos. — C'est le défaut d'humilité qui éteint la charité dans les âmes, engendre les haines, les discordes, les jalousies, les troubles dans le foyer domestique, dans les paroisses et même dans la société.

Partout où règnera l'Humilité, on ne verra ni envie, ni disputes, ni querelles, ni rien qui puisse ralentir la charité.

Pratiquer des actes de vertu sans l'humilité, c'est élever une muraille sans ciment... bientôt le petit édifice spirituel que l'on pensait déjà bien haut a disparu. — Pesez ces deux lignes.

Voilà les *précieux avantages* de l'Humilité, et si vous voulez posséder ce trésor, étudiez maintenant le chemin pratique qui y conduit.

CHAPITRE IV

DÉTAILS DE LA VIE OU L'ON PEUT FACILEMENT PRATIQUER L'HUMILITÉ.

Abandonner les biens, les honneurs et les plaisirs pour l'amour de Dieu, c'est faire un pas immense dans le chemin de la perfection; mais il est un sacrifice plus pénible, plus difficile à faire : c'est de s'oublier soi-même, de renoncer à l'amour de soi, pour ne s'occuper que de Dieu et des intérêts de sa gloire. Or, c'est là le dernier degré qui nous conduit directement à la **charité parfaite**. Armons-nous donc contre nous-même; faisons mourir chaque jour ce **moi**, suivons-le pas à pas avec courage et persévérance. La **mort** de ce **moi** sera pour nous un véritable gain, — *mori lucrum*. — Pour cela, observons-nous dans nos **pensées**, nos **paroles**, nos **actions**.

§ Ier. — *Humilité dans les pensées.*

Pensez que vous n'avez en vous que misère, et que les dons de la nature et de la grâce, qui sont en vous viennent de Dieu : pénétrez-vous bien de ce sentiment.

Dieu vous a prêté seulement ce que vous avez ; or, il est ridicule de se glorifier de ce que l'on ne tient que d'emprunt.

Pensez à votre faiblesse, à votre lâcheté, à votre dureté de cœur, à votre inconstance, à votre sensualité, à votre orgueil surtout.

Un serviteur de Dieu s'étant proposé de marcher dans la voie de l'Humilité, le démon jaloux sema dans son cœur toutes sortes de pensées de vaine complaisance. Que fit ce saint homme ? Il écrivit sur les murs de sa cellule les noms des principales vertus à leur plus haut degré : Charité parfaite.

Humilité très-profonde.

Chasteté angélique.

Ferveur continuelle dans la prière, etc.

Quand il se sentait attaqué par quelque pensée de vanité, il se mettait à lire ces titres et se disait alors : « Je suis bien loin d'être si fervent, etc.

etc... comment oserai-je donc m'énorgueillir ? »

Considérez sérieusement en vous toutes les recherches de l'amour-propre, vous serez étonné de vous voir si plein de vous-même, et vous trouverez cent motifs de vous humilier. Ayez du mépris pour vous-même, à cause de votre manque de prudence, de simplicité, de pureté d'intention dans mille circonstances.

Serez-vous damné ou sauvé ? vous l'ignorez... or, la possibilité d'être damné doit vous tenir dans de continuelles pensées d'humilité.

Examinez combien vous êtes insupportable à ceux qui vous entourent par votre caractère, combien vous devez l'être à Dieu et aux Anges par le nombre et la nature de vos fautes, par votre abus des grâces et votre infidélité.

Regardez-vous comme incapable par vous-même de tout bien, capable de tous les excès, infidèle aux dons de Dieu, couvert de beaucoup de vices, ou au moins d'imperfections.

Le Séraphique Patriarche d'Assise, saint François, se regardait comme le plus grand pécheur et se le prouvait à lui-même, en disant que si Dieu eût fait autant de grâces qu'à lui au plus criminel des hommes, ce dernier en aurait fait un meilleur usage.

Tombez-vous en quelque faute ? Reprenez-vous sévèrement, humiliez-vous, reconnaissez votre faiblesse, mais sans vous attrister ni vous décourager ; les reproches vous pénétreront du désir d'une vie humiliée, anéantie comme celle de Jésus.

Persuadez-vous que vous pouvez tomber dans toutes sortes de fautes. — Vous en ferez, vous en ferez beaucoup et longtemps....

Craignez toujours de pécher, surtout de blesser la délicatesse de la vertu angélique.

Recueillez-vous souvent bien humblement et vous serez toujours prêt à recevoir les divines impressions de la grâce.

A l'exemple des Saints, défiez-vous de votre jugement propre.

Renoncez, dans des circonstances douteuses et incertaines, à vos lumières, à votre manière de juger, ce sera de l'Humilité.

Si l'on ne tient pas compte de vos appréciations, n'en ayez pas de peine et regardez-vous comme incapable de donner un bon conseil.

Interprétez favorablement les paroles et les actions du prochain; si le mal est évident, excusez au moins l'intention. — Occupez-vous de vous-même, **ne jugez pas**.

Commet-on un oubli à votre égard, soyez calme et pensez à Jésus et aux irrévérences bien autrement injurieuses qu'il endura au prétoire.

Si l'on adresse plus souvent la parole à un autre qu'à vous, si on lui fait plus de prévenances, n'en soyez pas intérieurement attristé, remerciez Dieu et soyez content....

Quelqu'un réussit-il, réjouissez-vous.

Ayez de la joie des louanges qu'on donne aux autres, ou du bien qu'ils font : Habitude bien précieuse qui contribue éminemment à faire mourir en nous l'amour-propre et l'orgueil.

D'autres partagent les mêmes faveurs que vous, votre amour-propre **égoïste** en gémit... vous devez vous en réjouir.

Accorde-t-on toute la confiance aux

autres et vous regarde-t-on comme bon à rien, voilà une belle occasion de faire de grands actes d'humilité, saisissez-la.

Regardez-vous comme indigne de tout ménagement et de toute prévenance, digne au contraire de toute peine et de toute affliction.

Donnez en vous-même permission à tout le monde de vous dire des injures dans la mesure de vos forces. Ecoutez ce bel exemple d'humilité :

Sainte Marguerite de Cortone, pécheresse convertie et Tertiaire de Saint-François, avait sans cesse ses péchés devant les yeux, sans cesse elle s'en humiliait dans le secret de sa retraite, se regardant comme la honte de l'humanité, la plus indigne de toutes les créatures et la balayure du monde. — Elle désirait être traînée dans la boue.

Poursuivons notre sujet : on vous fait des éloges, renvoyez-les à Dieu ; humiliez-vous intérieurement. — Ne vous attribuez que le mal que vous faites.

Si l'on vous remercie, persuadez-vous que vous n'avez fait que votre devoir.

Si l'on vous consulte, n'en tirez point vanité, mais avant de répondre, consultez Dieu vous-même intérieurement.

Des pensées vaines s'éveillent-elles en vous dans les témoignages d'affection ou d'estime : 1° rentrez en vous-même et dites-vous : je ne suis que ce que je suis devant Dieu et rien autre chose que ce que Dieu voit; 2° sachez qu'il y a souvent, hélas! de l'exagération dans les expressions d'estime ou d'affection.

Les éloges des créatures ne vous changent pas, pourquoi vous en exalteriez-vous? Les jugements de Dieu confirment-ils l'opinion que l'on conçoit de vous?

On vous commande avec empire et hauteur, conservez le calme de votre âme.

On vous harcelle d'avertissements, de réprimandes, voilà autant d'occasions de polir la perle inestimable de l'Humilité.

Les autres sont écoutés avec admiration; pour vous, vous n'êtes compté pour rien; on interrompt votre conversation, — on ne vous adresse point la parole, — on ne manifeste que de l'ennui à vous entendre, — on accorde tout aux autres, on vous refuse tout : Remerciez Dieu intérieurement de ces magnifiques occasions de vous enrichir, et profitez-en.

Une humiliation vous arrive, acceptez-la comme de la main de Dieu.

On reçoit froidement un don que nous offrons, on est insensible à nos prévenances : C'est une humiliation, acceptons-la.

Dieu nous humilie, dit Fénelon, ou par la contradiction d'autrui qui nous désapprouve, ou par la faiblesse intérieure que nous éprouvons. Accoutumons-nous à supporter au dehors la contradiction, et au dedans notre propre faiblesse. »

Si Dieu vous refuse les douceurs sensibles dans la prière, rentrez en vous-même et reconnaissez que par vos infidélités vous vous êtes rendu indigne de ses faveurs.

Eprouvez-vous au contraire de la ferveur dans vos prières, vos communions, de la facilité dans vos méditations, reconnaissez que tout vous vient de Dieu. Craignez l'illusion, humiliez-vous encore davantage.

« Seigneur, mon Dieu, mon tout, je ne suis qu'un petit vermisseau, » disait saint François d'Assise. — Vous croiriez-vous plus que ce grand Saint?

Quoi que vous ayez fait, avouez toujours que vous êtes un serviteur inutile, puisque vous n'avez fait, après tout, que ce que vous deviez faire.

Avez-vous pratiqué quelques actes de vertu, ne vous attribuez rien, ne cessez pas d'avoir de bas sentiments de vous-même. Humiliez-vous toujours.

« Les autres vices, dit Rodriguez, sont accompagnés de péchés ; on peut les reconnaître et les fuir, mais pour l'Orgueil, il se range ordinairement avec les bonnes œuvres. »

Ne vous redites donc pas à vous-même vos actes de vertu, vous en perdriez tout le mérite, mais croyez toujours que vous n'avez rien fait.

« N'ai-je pas à rougir de mon orgueil, disait Fénelon, je ne sais où il ne s'étend point, où il ne monte pas, où il ne descend pas. Il infecte mes œuvres, en apparence les plus saintes. Si je remporte sur lui une victoire, le perfide m'en fait de suite son compliment et cherche à m'en ravir le fruit. »

Ecoutez encore ceci : « On nourrit l'amour-propre de bonnes œuvres, d'austérités ; on se raconte à soi-même secrètement ses mortifications, ses victoires sur son goût, ses actions de justice, de patience, d'Humilité, de désintéressement. On croit chercher dans toutes ces choses une consolation spirituelle, et on y cherche un appui pour se confier en soi-même et pour se rendre un témoignage avantageux de sa sainteté. On veut toujours être en état de se représenter à soi-même ce que l'on fait de bien. »

Voilà, avouons-le, l'image de notre cœur ; au fond de chacune de ces mystérieuses sinuosités, nous découvrons un secret orgueil ; faisons-lui donc la guerre et appliquons-nous à humilier constamment nos pensées.

§ II. — *Humilité dans les paroles.*

L'Humilité est la conviction de notre néant ; or, la conviction se forme par la pensée, s'exprime par le langage, se manifeste et s'acquiert surtout par les actes. La pensée et la parole sont dans un rapport aussi intime que la cause et l'effet. Dès que nous aurons acquis l'habitude fondamentale de nous humilier intérieurement dans nos pensées, l'Humilité passera aussi tout naturellement dans nos paroles, comme le ruisseau découle de la source.

Observons cependant, en principe, qu'il vaut mieux garder le silence sur **soi-même**, que de parler de **soi**, même pour s'humilier, et les auteurs ascétiques ont justement nommé **humilité à crochet**, cette habitude vaniteuse de s'humilier dans les paroles, qui, au fond, n'a souvent d'autre but que d'accrocher la réputation ou l'apparence de l'Humilité.

Ne parlez jamais de vous le premier; si l'on vous interroge, répondez brièvement et avec réserve.

Aimez le silence et le recueillement; ne parlez qu'avez retenue et modestie.

Ne cherchez pas à faire de l'esprit dans la conversation. Sachez à propos retenir une phrase inutile que vous auriez du plaisir à dire. Ne courez pas après les saillies heureuses.

Ne dites rien qui vous fasse considérer comme honoré, estimé, habile dans les affaires ; n'attirez à vous aucun hommage.

Si vous voulez pratiquer l'Humilité, vous ne parlerez pas de ce qui est à votre avantage, de vos parents, de vos occupations.

On vous fait un reproche, ne vous justifiez pas, si vous n'êtes pas tenu de le faire ; mais persuadez-vous que vous méritez la réprimande au moins pour beaucoup d'autres raisons.

Vous n'exprimerez jamais avec une certaine suffisance votre manière de voir et de penser.

En vous excusant de n'avoir pas mieux fait, vous quêtez souvent un éloge, prenez garde.

Nommer un personnage honorable et ajouter qu'on le connaît depuis longtemps, qu'on est lié avec lui, c'est **souvent** de la vanité.

Rappeler ses propres succès, parler de l'échec d'un autre, c'est **presque toujours** de l'amour-propre satisfait.

Parler de la confiance que vous accorde une famille, du conseil qu'on vous a demandé dans une affaire délicate, c'est **ordinairement** succomber à une tentation de vanité.

« La vanité est si ancrée dans le cœur de l'homme, qu'un goujat, un marmiton, un crocheteur se vante et veut avoir des admirateurs : et les philosophes eux-mêmes en veulent ; ceux qui écrivent contre la gloire veulent avoir la gloire d'avoir bien écrit, et ceux qui le lisent veulent avoir la gloire de l'avoir lu ; et moi qui écris ceci, j'ai peut-être cette envie ; et peut-être que ceux qui le liront l'auront aussi. » (PASCAL, *Pensées*.)

Ne vous montrez jamais comme indispensable, nécessaire pour le succès d'une affaire.

Ne dites pas qu'on a su reconnaître vos droits, apprécier vos raisons.

Vous avez eu un différend avec quelqu'un : si le droit a été pour vous, votre amour-propre avide d'encens vous dit de raconter le fait à un autre qui confirmera l'approbation dont vous vous repaissez ; si vous avez eu tort, il espère trouver des consolations... que dis-je, faire même remonter le tort sur votre adversaire. — Veillez bien... le point est délicat.

Vous pratiquerez l'Humilité si vous ne parlez jamais sans nécessité ni de votre santé, ni de vos souffrances, ni de votre délicatesse, ni de votre fortune, ni de celle des vôtres.

Avant d'aller plus loin, examinez, et vous verrez combien de fois par jour vous blessez l'Humilité.

Ne parlez jamais de votre science, de vos succès, de votre habileté, du nombre de vos amis, de vos protégés.

On entend dire souvent : « Mon prédécesseur avait laissé tout tomber, j'ai trouvé tout en désordre en entrant dans cette charge »... mais prenez garde, vous ferez... et après vous, vous laisserez encore à faire et votre successeur dira la même chose de vous. — On croit souvent améliorer et on entretient seulement comme ceux qui ont précédé.

Avez-vous remarqué ceci ? Lorsque quelqu'un parle de lui ou des siens il vous ennuie, il vous pèse. — Soyez donc bien convaincu qu'en parlant de vous, vous êtes un sujet d'ennui pour ceux qui vous entendent. Vous voulez plaire et vous déplaisez.

M. Vianney, Tertiaire de Saint-François, disait, en parlant de lui-même : « On s'est servi, pour former le Curé d'Ars, d'une oie, d'une dinde et d'une écrevisse. » Il coupait court pour tout ce qui le regardait et épuisait en pareille rencontre toutes les formes du mépris. C'était sa pauvre âme, son pauvre cadavre, sa pauvre misère, ses pauvres péchés. Et il était convaincu de ce qu'il disait.

Vous dites souvent que vous souffrez, que vous êtes fatigué. N'est-ce pas quelquefois pour vous rendre intéressant, pour faire penser à vous ? L'humble aime qu'on l'oublie.

Vous blâmez une circonstance de votre démarche, mais n'est-ce pas souvent pour qu'on vous félicite sur bien d'autres points ?

Quand on ne parle pas d'une chose dans laquelle vous excellez, gardez-vous de louer les autres sur ce sujet, car ce serait une manière adroite de vous attirer des louanges.

Croyez-moi, parlez peu et mesurez vos paroles, car, dit le Proverbe : « Chacun se complaît dans ses discours; mais on ne doit estimer que la parole dite à propos. »

Si l'on vous loue pour quelque action, ne dites pas que vous auriez pu mieux faire encore, — qu'en d'autres circonstances vous avez montré plus d'adresse...

Au contraire, vous blâme-t-on, supportez-le avec patience, reconnaissez vos torts.

Ne déguisez pas vos fautes ; au contraire, avouez-les franchement et vous tuerez votre amour-propre.

Parler d'un bienfait, c'est souvent mendier un remercîment, et alors c'est de l'orgueil. « Votre main gauche doit ignorer ce que fait votre droite. » (MATTH., VI, 3.)

Si vous êtes humble, vous éviterez de parler de la reconnaissance qu'on vous doit, ou de l'ingratitude qu'on vous témoigne.

N'ouvrez jamais la bouche pour vous plaindre de qui que ce soit : persuadez-vous que vous le méritez, supportez de bon cœur et avec joie, l'affliction qui vous survient surtout si elle vous humilie.

Voulez-vous pratiquer l'Humilité ? ne jugez personne, taisez-vous sur les défauts d'autrui.

N'interrompez personne dans la conversation.

Ne contredites personne dans ce qui est douteux ou probable, lors même que vous auriez une opinion différente.

Ne discutez jamais avec chaleur.

Avez-vous à défendre la vérité ? faites-le avec douceur : l'Humilité est la force de la vérité.

Fait-on en votre présence l'éloge d'un rival, d'un concurrent, d'une personne dont le caractère est antipathique au vôtre, ne parlez pas de vous : faites l'éloge vous-même de grand cœur, et vous profiterez dans l'Humilité.

Si on vous montre le travail de

quelqu'un, ou si on vous en parle, ne dites pas : C'est facile à faire.

Ne blâmez pas la maladresse d'un autre, parce que c'est dire avec orgueil : je ferais mieux. — Ayez toujours un mot de bienveillance pour tout le monde, sans jamais cependant louer le vice.

En tout, reconnaissez toujours le mérite des autres.

Pour montrer la solidité de votre jugement et votre esprit de prévoyance, vous ne direz point : je l'avais bien dit, — je l'avais prévu.

On ne vous communique pas un secret qu'on dit à d'autres, n'en murmurez pas, n'en parlez pas.

Êtes-vous accablé d'injures ; êtes-vous accusé à faux, ne dites rien : Dieu, pour qui vous souffrez, saura bien arranger toute chose.

« Laissez-vous humilier, dit Fénelon, le silence et la paix dans l'humiliation, sont le vrai bien de l'âme. On serait tenté de parler humblement et l'on en aurait mille beaux prétextes ; mais il est encore meilleur de se taire humblement. L'Humilité qui parle est encore suspecte. — En parlant, l'amour-propre se soulage un peu. — Laissez parler et tâchez de faire la volonté de Dieu. — Un peu de silence, de paix, d'union à Dieu doit bien consoler de tout ce que les hommes disent injustement. C'est Dieu qui nous afflige par eux selon nos besoins. »

Vous avez maintenant une idée des innombrables tentations de vanité qui se glissent nans nos paroles, et par conséquent des moyens de pratiquer l'Humilité dans la conversation. — Efforcez-vous d'en saisir quelques-uns.

§ III. — *Humilité dans les actions.*

Quoique l'Humilité réside principalement dans la pensée, comme nous l'avons observé plus haut, cependant elle ne sera pas sincère si elle ne se manifeste pas au dehors, lorsque les circonstances s'en présentent. — L'humiliation est la pierre de touche de l'Humilité. — Il est facile de se dire humble. On le prouve lorsqu'on sait souffrir le mépris, l'injure, les humiliations, surtout quand elles ne sont pas de notre choix ou qu'elles sont indépendantes de notre volonté.

Mais il est louable aussi et **souvent très-utile** de rechercher ces humiliations, afin de s'enraciner davantage dans la vertu des humbles. « L'humiliation, dit saint Bernard, est la voie qui conduit à l'Humilité comme la lecture à la science. » Mais, l'âme véritablement humble est ravie que son humiliation paraisse et non pas son humilité.

Aimez donc les humiliations, faites des actes de douceur, de patience, d'obéissance, de mortification ; par là vous acquerrez plus vite l'humilité.

Si quelqu'un vous rabaisse, vous fait une injure, soyez bon et prévenant à son égard, rendez-lui service.

Si vous fuyez les occasions de vous humilier et d'être humilié, vous ne serez jamais humble. Allons plus loin : priez beaucoup pour les personnes qui vous humilient, faites pour elles chaque mois une communion.

Quelqu'un se met-il en colère contre

vous : demandez-lui pardon de lui avoir donné l'occasion de s'irriter.

Soyez obéissant : l'humble se laisse conduire facilement.

Mais pour vous, n'exigez pas qu'on vous obéisse promptement.

Quelqu'un vous mortifie en toute occasion : souffrez-le patiemment, ne soyez pas triste, ne fuyez pas sa compagnie : Dieu se sert de lui comme d'un instrument pour vous guérir de votre orgueil. Vous n'avez qu'un fantôme d'humilité lorsque vous vous humiliez vous-même, si vous ne consentez de bon cœur à être humilié par les autres.

Pour être humble, encore une fois, soyez patient : chacun a ses défauts, supportez ceux des autres.

Si l'on n'écoute pas votre conversation, n'en témoignez aucune peine extérieurement.

Si l'on condamne votre manière d'agir, renoncez-y, lors même que vous croiriez avoir raison.

Vous reprend-on d'une faute que vous avez commise, vous accuse-t-on même à tort : taisez-vous, priez intérieurement, ne vous excusez pas.

Saint François d'Assise avait coutume de répéter à ses frères : « Si vous vous excusez, Dieu vous accuse. »

Vous reconnaîtrez donc vos torts de bonne grâce, et ne remettez jamais à un autre temps la réparation d'une faute, surtout contre la charité.

Il avance dans l'humilité celui qui après une discussion a le courage de dire avec simplicité : je suis allé trop loin... Je vous ai probablement fait de la peine... je vous demande pardon.

Vous voulez trop n'avoir *rien* à vous *reprocher*, ne laisser paraître aucun de vos défauts : reconnaissez votre misère, votre impuissance à bien agir, les bornes de votre esprit, *éclipsez-vous*, humiliez-vous, laissez faire Dieu.

Vous accepterez la contradiction, **ces mille petites misères de chaque jour qui nous font souffrir dans les conversations**, et vous ne donnerez jamais vous-même aucune occasion de chagrin à personne.

L'homme humble est le premier à saluer, à parler, à pardonner, à faire ses excuses.

Il donne des marques de déférence

à tout le monde. — Il est toujours plein de prévenances.

Il traite avec le pauvre comme avec le riche.

En promenade comme à table, il prend pour lui la place la plus gênée, la moins honorable.

Se présente-t-il quelque chose à faire : il saisit avec bonheur ce qu'il y a de plus incommode, de plus pénible, de plus rebutant, laissant aux autres ce qu'il y a de plus facile.

Mais en suivant même ce conseil, agissez toujours avec grande attention, craignant de manquer dans les plus petites choses.

Plein de défiance pour vous-même, consultez toujours avant d'agir.

Vous voulez changer, réformer, faire du zèle…. Est-ce bien l'esprit de *Dieu* qui vous guide ?…

Quelqu'un vous donne-t-il un conseil ? écoutez-le avec attention et humilité, réprimez en vous ce fond d'orgueil et de suffisance qui veut tout savoir, sans jamais avouer qu'il peut encore apprendre.

Un jour, saint Pacôme, le premier

maître de la vie cénobitique, faisait des nattes ; un enfant qu'on élevait dans la maison, lui dit avec naïveté qu'il ne travaillait pas bien et que Théodose leur avait appris à s'y prendre autrement. Aussitôt Pacôme se leva et lui répondit avec douceur : « Montrez-moi, mon enfant, comment il faut faire. » L'enfant le lui montra et il se remit à sa place avec joie, se conformant à ce qu'il lui avait dit.

Se mettre toujours en avant pour agir, c'est de la présomption, c'est s'exposer à la vanité. Soyez donc vous-même très-dévoué et en même temps très-modéré.

De même, ne vous mêlez jamais des affaires qui ne vous touchent point.

Dans toutes vos actions, évitez de vous donner un air important.

Si vous voulez être humble, vous serez toujours prêt à vous rendre utile.

Servez les autres en esprit d'humilité, faites avec joie ce qu'il y a de plus bas, de plus humiliant et regardez-vous comme le serviteur de tous.

Faites toutes vos actions dans ce

même esprit et non pour mériter la reconnaissance.

Vous ne devez jamais rougir de votre condition, ni de la condition des vôtres, de la simplicité ou de l'inhabileté d'un parent, d'un ami. Sans doute, l'amour-propre se révolte, mais sachons-nous vaincre à l'exemple de saint Vincent de Paul.

Il était un jour dans sa chambre, lorsque le portier vint lui annoncer qu'un jeune paysan, assez mal vêtu et se disant son neveu, demandait à lui parler ; Vincent lui-même rougit d'abord et pria l'un des siens d'aller recevoir le jeune homme. Mais il rougit bientôt d'avoir rougi, et descendant lui-même, il alla jusque dans la rue où son neveu était resté, l'embrassa tendrement, le prit par la main et le présentant à ses prêtres : « Messieurs, leur dit-il, voici le plus honnête membre de ma famille. Mon neveu, ajouta-t-il en se tournant vers le jeune paysan confus, saluez ces messieurs. »

Soyez humble, rejetez les louanges et croyez presque qu'on se moque de vous. Arrêtez tout court ou détournez adroitement la conversation, c'est ce qu'ont fait tous les Saints qui craignaient plus les louanges que les humiliations. « Ceux qui me louent, dit saint Ignace, me flagellent. »

Fuyez les honneurs, non pour qu'on vous fasse plus d'instance, ou pour qu'on vous en estime davantage ; ce serait de l'orgueil, mais par défiance de vous-même.

Pour se guérir de la vaine gloire, le Vénérable Jean Bonvisio, Franciscain, regardait comme un politesse mondaine tous les honneurs que les hommes lui rendaient.

Fuyez les choses extraordinaires même dans la piété. — L'orgueil affecte la singularité ; l'Humilité se plaît dans la voie commune et ordinaire.

Si cependant en faisant comme tout le monde, vous remarquez que votre nature vous emporte trop loin... mettez un frein sans craindre d'être taxé de singularité... Les saints ont eu aussi leur singularité. Ils n'ont pas toujours fait comme tout le monde...

Par esprit d'humilité soyez simple dans vos vêtements et quand, obligé de paraître dans le monde, vous quitterez la simplicité de votre toilette, gémissez-en devant Dieu, priez Notre-Seigneur de vous sauver de la vanité.

Mais ne cherchez-vous pas souvent à occuper l'esprit des autres, à attirer l'attention, à être estimé, aimé ? Ne recherchez que Dieu seul.

Saint Hilarion pleurait de ce qu'on voyait ses actions, craignant de n'en être récompensé que des hommes.

Il y en a qui prennent plaisir à ce qu'on s'occupe d'eux, même en mal. Vanité !

En faisant un acte d'humilité, ne cherchez pas à vous faire remarquer ; ce serait tendre à l'orgueil par le sentier de l'Humilité.

Vous vous mettrez en vue le moins possible, mais sans affectation.

Vous parlez et vous agissez pour vous attirer l'estime et le respect, rappelez-vous que cela ne sert qu'à découvrir l'étendue de votre orgueil et ainsi vous vous rendrez méprisable par les mêmes choses par lesquelles vous prétendez vous faire estimer. — *Grande vérité !!*

L'orgueil ne vous déplaît-il pas dans les autres ? ne le trouvez-vous pas puéril, de mauvais goût, souvent ridicule ?

Or sachez bien que tout ce que vous dites et tout ce que vous faites pour vous poser, n'échappe pas à ceux qui vous entourent, et pensez qu'ils jugent de vous tout autrement que vous-même.

N'ayez donc jamais la moindre prétention en rien, car vous vous rendriez insupportable.

Soyez humble dans votre tenue, ne marchez pas avec affectation ou avec une démarche fière.

Soyez très-modeste dans vos regards.

Le B. Frère Gilles, compagnon de saint François, répondit à un religieux qui lui demandait le moyen de fuir l'orgueil : « Rappelez-vous bien que jamais vous n'éviterez l'orgueil qu'auparavant vous ne baissiez les yeux à l'endroit où touchent vos pieds. »

Par amour pour l'Humilité, vous ne dédaignerez pas les vêtements simples, les aliments mal préparés, les emplois vils, etc. Songez que tout est bon pour vous.

Le démon de l'orgueil nous accompagne partout ; **avant** d'agir, purifiez donc bien votre intention ; **pendant** et **après** l'action, donnez tout à Dieu.

Lorsque saint Bernard était tenté d'orgueil dans ses actions, il disait : « Satan, je n'ai pas commencé pour toi, je ne finirai pas pour toi. »

« N'omettez pas une bonne action
« par crainte de la vaine gloire, si cette
« vaine gloire vous déplaît, elle ne vous
« empêchera pas de devenir parfait, et
« la meilleure part de votre bonne ac-
« tion sera toujours votre partage. Si
« un laboureur se disait avant de se-
« mer : « Tu vas répandre ton grain,
« puis les oiseaux du ciel et les bêtes
« de la terre viendront tout dévorer » ;
« jamais il n'ensemencerait son champ,
« et ainsi il n'aurait pas de quoi se
« nourrir. » (B. Fr. GILLES.)

Si par crainte de vaine gloire, vous ne faites pas le bien, le démon s'en réjouit, et le perfide, *sous prétexte de vertu*, il vous dira toujours, abstiens-toi.

Confessez-vous souvent et découvrez avec franchises les misères les plus secrètes de votre âme.

Vous ne vous contenterez pas d'accuser en général d'avoir eu des pensées d'orgueil, de vanité ; d'avoir parlé et agi dans ce même esprit : pour une âme orgueilleuse, et pour vous qui voulez à tout prix acquérir l'Humilité, ce serait vous en tirer à trop bon marché. Vous spécifierez donc quelquefois vos pensées, vos paroles ou vos actions entachées d'orgueil. C'est bien humiliant de mettre à nu la misère et le ridicule de ses pensées ; mais, si vous voulez profiter, vous le ferez, après en avoir demandé la permission à votre directeur.

Un examen sérieux vous amènera à la connaissance de vous-même, et cette connaissance vous conduira au mépris de vous-même, à l'Humilité.

C'est une grande humiliation que de faire connaître la perversité de notre cœur, ses penchants ; oui, c'est une grande humiliation que de découvrir à un autre ces mille petits défauts de notre cœur que nous n'osons nous avouer à nous-même. Mais cette humiliation est salutaire.

Méditez souvent ces paroles de saint

Paul : « Qu'avez-vous que vous n'ayez reçu de Dieu, mais si vous l'avez reçu pourquoi vous glorifier, comme si vous ne l'aviez pas reçu ? »

Oui, tout nous vient de DIEU,
Tout est à DIEU,
Tout doit aller à DIEU !
A DIEU seul
Amour, Honneur, Louanges,
dans
les siècles des siècles,
Ainsi soit-il !

QUELQUES PENSÉES A MÉDITER

Celui qui s'élèvera sera humilié et celui qui s'humiliera sera élevé (*Math.* XXIII, 12).

Sans l'humilité tout n'est rien ; avec elle rien est tout (*S. Basile le Grand*).

Rien ne plaît tant à DIEU et aux hommes que la véritable humilité (*S. Jérôme*).

Il faut que l'humilité précède, suive accompagne toutes nos actions ; car, dès que l'orgueil s'y mêle, il nous arrache des mains tout le mérite (*S. Augustin*).

Rien n'est pénible pour les humbles (*S. Léon*).

Il n'y a pas de charité dans le monde, parce qu'on ne veut pas se faire petit (*S. Bonaventure*).

L'humilité est le remède contre toutes les maladies, elle est la santé de l'âme et du corps (*S. Thomas*).

La marque infaillible des réprouvés est l'orgueil, au contraire l'humilité est le sceau des élus (*S. Grégoire le Grand*).

L'humilité des serviteurs de Dieu doit paraître dans l'épreuve (*id.*).

C'est dans les contrariétés que vous pouvez juger de votre degré d'humilité.

Nous vous offrons ici les magnifiques Sentences de saint Jean de la Croix ; vous y trouverez un résumé parfait du sujet qui nous occupe, et vous tâcherez d'en faire la règle de votre conduite.

LE RIEN DE S. JEAN DE LA CROIX.

Je ne suis rien,
Je ne puis rien,

Je ne vaux rien,
Je ne mérite rien,
L'on ne me doit rien,
Au rien il ne faut rien,
Le rien ne peut rien,
Le rien ne veut rien,
Le rien n'est bon à rien,
Le rien n'est digne de rien,
Le rien doit demeurer à rien,
Le rien ne se plaint de rien,
Le rien ne s'offense de rien,
Le rien ne s'étonne de rien,
Le rien ne se trouble de rien,
Le rien n'est propre à rien,
Le rien n'ambitionne rien,
Le rien ne méprise rien,
Le rien ne demande rien,
Le rien ne considère rien,
Le rien ne se contente de rien,
Le rien ne prétend rien,
Le rien ne s'approprie rien,
Le rien ne prend goût à rien,
Le rien ne désapprouve rien,
Le rien n'est blessé de rien,
Le rien n'envie rien,
Le rien ne s'incommode de rien,
Le rien ne prend part à rien,
Le rien ne soutient rien,

Le rien ne tient à rien,
Le rien ne se scandalise de rien,
Le rien ne s'empresse de rien,
Le rien ne juge ni ne condamne rien,
Le rien ne se peine de rien,
Le rien ne craint rien,
Le rien ne désire rien,
Le rien n'appréhende rien,
Le rien ne se choque de rien.

RIEN PARTOUT, RIEN EN TOUT.

C'est dans ce bienheureux néant que l'âme goûte une paix divine parce que, étant réduite à rien, Dieu lui est tout en toute chose.

Pénétrons-nous bien, cher Lecteur, de notre néant. — Nous ne sommes rien, nous ne sommes que misère et péché ; efforçons-nous donc de suivre dans notre conduite les Sentences de saint Jean de la Croix, et c'est dans ce bienheureux anéantissement de nous-même que nous trouvons le calme et la paix du cœur.

Vous le savez, plus l'arbre est élevé, plus il est agité par le vent... Abaissons-nous donc, oublions-nous nous-mêmes pour nous perdre en Dieu et nous serons sauvés.

CHAPITRE V

DEGRÉS D'HUMILITÉ PAR LESQUELS NOUS DEVONS SUCCESSIVEMENT MONTER.

Que de détails ! que d'orgueil en tout et pour tout et je ne m'en étais pas douté ! Il n'est pas possible de penser, de parler ou d'agir ! Que l'Humilité est une vertu rare, et cependant c'est une vertu fondamentale, nécessaire ! Comment déraciner tant d'orgueil de mon cœur, comment m'élever à cette sublime vertu de l'Humilité ? Voilà bien du travail !

Tels sont sans doute les sentiments qui s'agitent dans votre cœur après la lecture de ce quatrième chapitre. La perle de l'Humilité vous paraît si belle, si riche, que vous seriez prêt à tout vendre, à tout sacrifier pour l'acheter, mais aussi il y a tant à faire que vous n'osez mettre la main à l'œuvre.

Ecoutez, cher lecteur, divisez votre ennemi, attaquez-le sur un point, et lorsque vous l'aurez anéantie sur ce point, vous l'attaquerez sur un autre. Si vous entrepreniez tout en gros vous ne pourriez pas y réussir.

Il ne faut pas seulement vous proposer, en général, de n'avoir de l'orgueil sur rien et d'être humble en toutes choses, parce que c'est une matière trop vaste, vous y feriez infailliblement peu de progrès. — Partagez votre sujet en divers points, de la manière suivante :

I. — Proposez-vous de ne dire aucune parole qui tende à votre louange.

II. — Vous ne vous plairez point à être loué, à entendre dire du bien de vous ; au contraire, prenez de là occasion de vous humilier et de vous couvrir de confusion, voyant que vous n'êtes pas tel qu'on pense et que vous devriez être. — Vous aurez de la joie d'entendre parler avantageusement des autres, et si vous en avez éprouvé quelque chagrin ou si vous avez senti quelque secret mouvement d'envie, marquez-le pour faute, comme lorsque vous aurez eu quelque vaine complaisance du bien que vous aurez entendu de vous.

III. — Vous ne ferez rien par respect humain et pour attirer les yeux et l'estime des hommes, mais purement pour plaire à Dieu.

IV. — Vous n'excuserez pas vos fautes et à plus forte raison vous ne les rejetterez pas sur autrui ni extérieurement, ni intérieurement.

V. — Vous chasserez toutes les pensées de vaine gloire et d'orgueil, que donnent les choses qui apportent de la réputation et de l'estime.

VI. — Vous préférerez tout le monde à vous, non-seulement dans l'opinion, mais aussi dans la pratique, en vous comportant envers vos frères avec la même humilité et le même respect que s'ils étaient vos supérieurs.

VII. — Recevez de la main de Dieu toutes les occasions qui se présentent de vous humilier, et en cela allez toujours en augmentant et comme en montant par trois degrés, dont le premier est de les supporter avec patience; le second de les accepter avec promptitude et facilité, et le troisième, de les embrasser avec joie. Car il ne faut point vous arrêter que vous ne soyez parvenu à être bien aise de souffrir toutes sortes d'affronts et de mépris pour ressembler à JÉSUS-CHRIST qui a voulu pour l'amour de nous être l'*opprobre des hommes et le mépris de la populace* (Ps. xxi, 7).

VIII. — Vous produirez des actes intérieurs et extérieurs d'humilité, vous vous y exercerez un certain nombre de fois le matin et le soir, en augmentant ce nombre tous les jours, jusqu'à ce que vous ayez acquis une parfaite habitude de cette vertu [1].

Voilà les divers points sur lesquels vous devez lutter successivement.

Nous citerons ici les degrés d'Humilité d'après le Docteur Séraphique saint Bonaventure [2].

I. C'est un haut degré d'Humilité de se soumettre volontairement à Celui qui est au-dessus de nous, mais c'est justice. C'en est un plus haut de se soumettre à son égal, et c'est abondance. Enfin c'en est un très-haut de se soumettre à son inférieur, et c'est surabondance.

[1] Extrait d'*Alphonse Rodriguez*.
[2] Traduction de l'abbé Berthaumier.

II. C'est de même un haut degré d'humilité d'être humble en ses paroles. C'en est un plus haut de l'être en ses actions, et c'en est un très-haut de l'être en son cœur. C'est là que réside la vertu, et non dans les paroles ni dans les actes, puisqu'il y en a qui s'humilient d'une manière perverse dans leurs discours, leurs actions, leur maintien, leurs vêtements et leurs démarches.

III. C'est aussi un haut degré d'humilité de s'humilier à cause de la grandeur et de la multitude de ses défauts. C'est un degré plus élevé de s'humilier à cause de l'abondance des vertus et des dons spirituels, de même qu'un arbre excellent s'incline sous l'abondance de ses fruits, et c'est pour cela qu'il est dit : « *Plus vous êtes grand, plus vous devez vous humilier en toutes choses.* » (Eccl. 3.) Enfin c'en est un très-élevé que de s'abaisser pour suivre les exemples d'humilité donnés par Jésus-Christ.

IV. C'est encore un degré élevé de cette vertu de s'humilier de tout le mal qu'on a commis ; un plus élevé de s'humilier de tout le bien qu'on a omis et de toutes les choses qu'on a profanées, et un très-élevé de s'humilier de tous les bienfaits reçus inutilement. Cet ordre se tire de la rareté, car un degré est d'autant plus élevé qu'il est plus rare.

V. Enfin c'est un haut degré d'humilité de s'estimer aussi vil qu'on l'est réellement aux yeux de Dieu. C'en est un plus haut de se considérer devant Dieu aussi vil qu'on l'eût été s'il ne nous eût soutenu de sa grâce. Et c'est un degré très-haut de se regarder comme aussi vil qu'on pourrait le devenir encore si le Seigneur ne nous gardait contre les tentations.

CONCLUSION.

Notre-Seigneur a dit : « Celui qui ne se rendra pas semblable à un petit enfant n'entrera point dans le royaume des cieux. » Il ne nous enseigne autre chose pendant toute sa vie, et c'est ce qu'il veut que nous apprenions particulièrement de lui : « Apprenez de moi

que je suis doux et humble de cœur. »
Sa vie entière n'a été qu'un acte continuel d'humilité, depuis l'humiliation de la crèche, jusqu'à l'ignominie du Golgotha. « *Apprenez de moi*, dit la
« paraphrase commune de saint Augus-
« tin (*Sermo, I, Verb. Domini*), non à
« produire le monde, à travailler sur
« le néant, à en extraire les choses
« visibles et invisibles, à ressusciter
« les morts, à opérer d'autres mer-
« veilles, mais *que je suis doux et
« humble de cœur*. » Notre-Seigneur, dit saint Bernard (Epist. XLII), quoique orné de toutes les vertus, ne s'est glorifié cependant que de son humilité, comme de la vertu qui lui était la plus chère et qu'il regardait comme renfermant toute sa doctrine et toutes ses vertus. C'est pour cela que saint Paul appelle l'Humilité la vertu propre et particulière de Jésus-Christ ; que saint Léon dit : « Notre-Seigneur a, dès le
« sein de sa Mère jusqu'au supplice de
« la Croix, embrassé et enseigné, au-
« tant qu'il l'a pu, l'Humilité la plus
« sincère et la plus volontaire. »
(*Sermo* VII, *Epiph.*) Et que saint Au-

gustin dit (*in Psalm.* XXXIII) : « Mes « Frères, quand je nomme Jésus-Christ, je vous représente l'Humilité vivante et animée qui doit nous servir de modèle. » Notre-Seigneur a dit lui-même : *Pour moi, je suis un ver de terre, et non pas un homme ; je suis l'opprobre des mortels et le rebut de la populace* (Ps. XXI). Sa divine Mère ne s'appelait que l'humble servante. Tous les Saints ont brillé par leur grand esprit d'humilité ; ils sont parvenus à la gloire éternelle par de profondes humiliations. Pour parvenir au même but, serait-il prudent de prendre d'autres moyens ?

C'est par les degrés de l'Humilité, dit saint Augustin, qu'on peut monter au Ciel ; Dieu étant infiniment élevé, l'orgueil nous éloigne de lui et l'Humilité nous en approche. »

Humilions-nous, abaissons-nous. Sans doute, nous aurons beaucoup à lutter, car, dit saint Grégoire, l'estime désordonnée de soi est le premier vice qui naît dans le cœur de l'homme et le dernier qui y meurt. Mais ne nous décourageons pas, faisons aujourd'hui un acte d'humilité, demain nous en produirons deux.

— Invoquez souvent comme avocats et protecteurs les saints qui ont pratiqué une plus grande humilité : la Sainte Vierge, saint Joseph, saint Michel, saint François, etc....

UNE DERNIÈRE QUESTION !!

Beaucoup de personnes, travaillant depuis longtemps à l'acquisition de l'Humilité, se découragent parfois de se voir toujours au même degré. Pour elles je pose ici cette question :

Peut-on compter les progrès que l'on fait dans l'Humilité ?

Non, on ne doit pas apprécier les progrès que l'on fait dans cette vertu : s'arrêter à cette pensée et vouloir faire cet examen, ce serait s'exposer à obéir aux illusions de l'amour-propre.

Appliquons-nous donc sans relâche à acquérir cette vertu. Contentons-nous de la consolation que nous trouverons à faire tous nos efforts dans ce but, et ne regardons pas derrière nous.

INVOCATION QU'IL EST BON DE FAIRE SOUVENT PENDANT LA JOURNÉE.

O JÉSUS ! doux et humble de cœur, rendez mon cœur semblable au Vôtre.

PRIÈRE A SAINT FRANÇOIS, POUR DEMANDER L'HUMILITÉ.

O Glorieux saint François ! que votre humilité me serve de modèle ! que, comme vous, j'aime à me voir méprisé de tout le monde. Obtenez-moi de bien comprendre que mon vrai bien consiste non dans les honneurs du monde, mais à souffrir les humiliations et à m'en réjouir pour l'amour de Dieu.

PRIÈRE EN FORME DE LITANIES
POUR OBTENIR L'HUMILITÉ.

Seigneur, ayez pitié de moi ;
O Jésus, doux et humble de cœur ;
   écoutez-moi ;

O Jésus, doux et humble de cœur, exaucez-moi ;
Du désir d'être estimé, délivrez-moi, Jésus ;
Du désir d'être aimé, délivrez-moi, Jésus.
Du désir d'être recherché,
Du désir d'être loué,
Du désir d'être honoré,
Du désir d'être préféré,
Du désir d'être consulté,
Du désir d'être approuvé,
Du désir d'être ménagé,
Du désir de m'excuser,
Du désir de répliquer,
Du désir de juger,
Du désir de parler,
Du désir de critiquer,
Du désir de dominer,
Du désir de plaire,
Du désir de paraître,
Du désir d'exceller,
Du désir d'être admiré,
Du désir d'être remarqué,
Du désir d'avoir ma liberté,
De la crainte d'être humilié,
De la crainte d'être méprisé,
De la crainte d'être rebuté,

Délivrez-moi, Jésus !

De la crainte d'être calomnié,
De la crainte d'être blâmé,
De la crainte d'être raillé,
De la crainte d'être injurié,
De la crainte d'être repris,

Déliv.-moi, Jésus !

Je veux agir pour Dieu seul, aidez-moi, Jésus.

Je veux tout supporter, aidez-moi, Jésus.

Je veux me taire dans les contrariétés, aidez-moi, Jésus.

Je veux louer mon prochain, aidez-moi, Jésus.

Je veux m'humilier moi-même, aidez-moi, Jésus.

Je veux mépriser les éloges, aidez-moi, Jésus.

Je veux être serviteur de tous, aidez-moi Jésus.

Je veux me tenir caché, aidez-moi, Jésus.

O MARIE, Mère des humbles, priez pour moi.

Saint JOSEPH, protecteur des âmes humbles, priez pour moi.

Saint MICHEL, qui le premier avez terrassé l'orgueil, priez pour moi.

Saint Français d'Assise, vrai modèle d'humilité, priez pour moi.
Tous les Justes sanctifiés, surtout par l'esprit d'humilité, intercédez pour moi.

ORAISON.

O JÉSUS, dont la première leçon a été celle-ci : « Apprenez de moi que je suis doux et humble de cœur, » enseignez-moi à devenir doux et humble de cœur comme vous. Ainsi soit-il.

Librairie Saint-Joseph. — Tolra, éditeur
112, rue de Rennes, PARIS

VIE

DE

SAINTE BRIGITTE DE SUÈDE

d'après les documents authentiques

PAR

UNE RELIGIEUSE DE L'ADORATION PERPÉTUELLE

AVEC APPROBATION ÉPISCOPALE

précédée

D'UNE LETTRE-PRÉFACE PAR Mgr DE SÉGUR

2 forts et beaux vol. in-18 jésus

Prix : 7 fr. 50 *franco*

.... — Nous pourrons ajouter que pour les Tertiaires cette vie a un charme de plus. Ils y verront en effet comment cette jeune princesse embrasse résolument le Tiers-Ordre et trouve les moyens de cette perfection extraordinaire à laquelle Dieu la destinait. Son zèle à propager le Tiers-Ordre, le reproche sévère que Notre-Seigneur lui adresse pour avoir laissé transgresser le troisième chapitre de la Règle par les gens de sa suite, sont autant de leçons qu'on ne saurait trop méditer.

(*Revue Franciscaine*, mai 1879.)

Librairie Saint-Joseph. — **TOLRA, éditeur**
112, RUE DE RENNES, 112, PARIS

PETITE
BIBLIOTHÈQUE FRANCISCAINE

La Séraphique Règle, par le R. P. LÉON, nouvelle édition, corrigée. 1 très-fort v. in-18 rel. *fr.*   2 25
Petit Manuel à l'usage des Frères et des Sœurs du Tiers-Ordre de Saint-François, par le T.-R. P. LÉON, ex-provincial. 1 vol. in-32 relié. Prix *franco*...   1 25
Catéchisme Franciscain, à l'usage des Frères et Sœurs du Tiers-Ordre de la Pénitence, par le P. SIMON. 1 vol. in-18, *franco*............   » 15
Six questions pour faciliter l'étude du catéchisme, et pour faire repasser, en quelques minutes, tout le catéchisme aux enfants les plus instruits, par le P. SIMON. In-18, *franco*............   » 10
Le Calvaire fréquenté, ou *Chemin de Croix perpétuel.* par le P. APOLLINAIRE. 1 v. gr. in-32, *fr.*   » 20
Traité canonique, liturgique et pratique du Chemin de la Croix, par Mgr CANTOLI, Franciscain, évêque de Bovino, traduit par le P. APOLLINAIRE, suivi de cinq méthodes pour faire le Chemin de la Croix. 1 fort vol. in-32, *franco.*   1 »
Règlement de vie, par le P. GEORGES, franciscain de l'Observance. In-32............   » 10
— Cent exemplaires............   5 »
Indulgence de la Portioncule ou *grand Pardon d'Assise,* par le P. SIMON. 1 vol. in-18.   » 20
La pauvreté, pratiquée même dans le monde, dans tous les détails de la vie, opuscule dédié aux Riches comme aux Pauvres du XIXe siècle, par le même. 1 v. in-18............   » 20
La présence de Dieu, pratiquée dans tous les détails de la vie, par le même. 1 vol. in-18..   » 20
L'Humilité, pratiquée dans tous les détails de la vie, par le même. 1 vol. in-18............   » 20
La Mortification pratiquée dans tous les détails de la vie, par le même. 1 vol. in-18............   » 20
Cantiques en l'honneur de saint François d'Assise, en usage dans les Fraternités, par le P. SIMON. In-18, *franco*............   » 10

Librairie Saint-Joseph. — TOLRA, éditeur
112, rue de Rennes, Paris

REVUE FRANCISCAINE

BULLETIN MENSUEL
DU
TIERS-ORDRE DE SAINT FRANÇOIS

PUBLIÉ PAR
Les Franciscains de l'Observance
AVEC APPROBATION
DU MINISTRE GÉNÉRAL DE L'ORDRE

Prix de l'abonnement pour un an du 1er janvier 1878, pour la France et l'Algérie, en mandat-poste : 3 fr.; 3 fr. 25 en timbres-poste; États d'Europe : 4 fr.; hors d'Europe : 5 fr.

Approbation de la **Revue Franciscaine**, *par le Révérendissime Père* BERNARDIN DE PORTOGRUARO, *Ministre Général des Franciscains.*

Sur le rapport qui nous a été fait par le Ministre Provincial des Franciscains de l'Observance, de notre Province de Saint-Louis, nous approuvons bien volontiers la *Revue Franciscaine*, fondée pour le bien spirituel des Membres du Tiers-Ordre. Nous en recommandons vivement la lecture aux Tertiaires de Saint-François, et nous faisons des vœux pour que cette publication, dans les temps malheureux que traverse l'Église, contribue à répandre et à augmenter dans les âmes l'esprit séraphique.
Rome, couvent d'Ara-Cœli, le 10 novembre 1870.

FR. BERNARDIN DE PORTOGRUARO,
Ministre Général des Franciscains.

1092. — Abbeville. — Typ. et stér. Gustave Retaux.

www.ingramcontent.com/pod-product-compliance
Lightning Source LLC
LaVergne TN
LVHW021726080426
835510LV00010B/1154